Ernst Hunsicker

Pannen, Skandale und Affären?

Die Polizei im Blickpunkt der Öffentlichkeit

GRIN Verlag

Bibliografische Information der Deutschen Nationalbibliothek:

Die Deutsche Bibliothek verzeichnet diese Publikation in der Deutschen National-
bibliografie; detaillierte bibliografische Daten sind im Internet über http://dnb.d-
nb.de/ abrufbar.

Impressum:

Copyright © 2014 GRIN Verlag GmbH
Druck und Bindung: Books on Demand GmbH, Norderstedt Germany
ISBN: 978-3-656-74072-8

Dieses Buch bei GRIN:

http://www.grin.com/de/e-book/280740/pannen-skandale-und-affaeren

GRIN - Your knowledge has value

Der GRIN Verlag publiziert seit 1998 wissenschaftliche Arbeiten von Studenten, Hochschullehrern und anderen Akademikern als eBook und gedrucktes Buch. Die Verlagswebsite www.grin.com ist die ideale Plattform zur Veröffentlichung von Hausarbeiten, Abschlussarbeiten, wissenschaftlichen Aufsätzen, Dissertationen und Fachbüchern.

Besuchen Sie uns im Internet:

http://www.grin.com/

http://www.facebook.com/grincom

http://www.twitter.com/grin_com

Ernst Hunsicker

Pannen, Skandale und Affären?

Die Polizei im Blickpunkt der Öffentlichkeit

Vorwort

Mit der Wortwahl „Polizeipanne", „Polizeiskandal" oder auch „Polizeiaffäre" sind die Medien schnell bei der Hand. Da gibt es zwischen dem seriösen Journalismus und dem Boulevardjournalismus kaum einen nennenswerten Unterschied. Journalisten sind gegenüber der „sensationsgierigen Öffentlichkeit" kaum bereit, die Untersuchungen zu Vorwürfen, die sich gegen die Polizei (allgemein) oder gegen einzelne Polizeibeschäftigte richten, abzuwarten. Es gilt nicht gerade selten das Prinzip „Vorurteil vor Urteil".

Allerdings: Die Hinweise auf (vermeintlich) strafrechtlich relevantes Verhalten und/oder (vermeintlich) beamten-/disziplinarrechtlich zu würdigendes Fehlverhalten kommen auch aus den Reihen der Polizei (offen, anonym). Über die Motivlage der anzeigenden Person lässt sich mehr oder weniger spekulieren.

Bereits nach den ersten Untersuchungen stellt sich oft genug heraus, dass die „Polizeipanne", der „Polizeiskandal" oder die „Polizeiaffäre" lediglich eine voreilige Journalistenschelte war, woran allerdings teils Verantwortliche in vorgesetzten Polizeibehörden und (über-)kritische Experten eine nicht unerhebliche Mitverantwortung tragen. Dieser Personenkreis kann offenbar gar nicht ermessen, welches Unheil er nicht nur für die betroffenen Personen, sondern auch für deren Familien anrichtet.

Das Prinzip der Unschuldsvermutung als Teil des Rechtsstaatsprinzips gilt anscheinend nur eingeschränkt für öffentlich Beschäftigte und somit auch für Polizeibeschäftigte.

> Jede Person, die einer Straftat angeklagt ist, gilt bis zum gesetzlichen Beweis ihrer Schuld als unschuldig. (Art. 6 Abs. 2 Europäische Menschenrechtskonvention/EMRK)

Auch ist festzustellen, dass beschuldigte Polizeibeschäftigte vorschnell „suspendiert" werden, wobei allerdings – nicht immer nachvollziehbare – Unterscheidungen vorgenommen werden. Denn die Unschuldsvermutung wird mal so und mal so ausgelegt, sodass der Verdacht entstehen kann, dass es eine „Unschuldsvermutung der 1. und der 2. Klasse" gibt.

**Vorläufige Dienstenthebung und Einbehaltung von Bezügen nach §
38 NdsDG**
Der Dienstherr kann auch nach dem Disziplinargesetz des Landes den
niedersächsischen Beamten vorläufig des Dienstes entheben, allerdings
nur dann, wenn nach der Art der Vorwürfe wahrscheinlich ist, dass der
Beamte durch das Disziplinargericht aus dem Dienst entfernt werden
wird oder wenn durch ein Verbleiben im Dienst der Dienstbetrieb oder
die Ermittlungen wesentlich beeinträchtigt würden. Dies regelt § 38
NdsDG. Zuweilen geht ein beamtenrechtliches Verbot der Führung der
Dienstgeschäfte voraus, bevor die disziplinarrechtliche Suspendierung
beschlossen wird.[1]

Ernst Hunsicker   Bad Iburg, im September 2014

---

[1] Disziplinarrecht der Beamten in Niedersachsen: Suspendierung, unter:
http://www.michaelbertling.de/recht/dis/nds/nd03801.htm.

3

Inhalt

1.   Begriffsabgrenzungen und Begriffe

1.1 Begriffsabgrenzungen

Die Medien nehmen, wenn sie über (vermutete) „Pannen", „Skandale" und „Affären" – auch in der Polizei – berichten, nicht immer eine besonders genaue Begriffsabgrenzung vor. Wobei sich die Frage stellt, ob eine solche Abgrenzung überhaupt möglich und von daher zwingend erforderlich ist. Die Übergänge erscheinen fließend. Deshalb ein Versuch, diese Begriffe mit „Polizei" in Verbindung zu bringen.

1.2   Begriffe

„(Polizei-)Panne"

Panne gleich „Fehler: durch gedankenloses oder unvorsichtiges Handeln verursachtes Missgeschick (auch Störung)"[2]. Eine „Polizeipanne" ist demnach in etwa ein fahrlässiges Handeln mit Folgen bzw. Schäden für Leben, Gesundheit, Freiheit oder Eigentum der Betroffenen oder auch eine Störung im innerdienstlichen Ablauf mit Außenwirkung (z.B. „Datenschutzpanne"[3]).

„(Polizei-)Skandal"

„Ein Skandal (aus dem Französ.; v. griech. skandalon Fallstrick) (verharmlosend: Affäre) ist das beabsichtigte oder irrtümliche Fehlverhalten angesehener Personen oder Institutionen, das mittels

---

[2]   Vgl. Duden online, unter: http://www.duden.de/rechtschreibung/Panne _Stoerung_Schaden_Fehler.
[3]   **Konsequenz aus Hackerangriff auf Server des Zolls: Informationspflicht muss auch für Datenschutzpannen bei Behörden eingeführt werden.** Nach dem Hackerangriff auf Server des Zolls fordert der Bundesbeauftragte für den Datenschutz und die Informationsfreiheit, Peter Schaar, die Erstreckung der für Unternehmen bestehenden Informationspflicht bei Datenverlusten auch auf Bundesbehörden: … Bei Verlust, Diebstahl oder Missbrauch sensibler personenbezogener Daten sind unverzüglich die hiervon Betroffenen sowie die Aufsichtsbehörden zu unterrichten. Die verbesserte Transparenz bei Datenschutzpannen ermöglicht den Betroffenen, negative Konsequenzen rechtzeitig abzuwenden und Sicherheitsmaßnahmen zu ergreifen. …, unter: http://www.bfdi.bund.de/DE/ Oeffentlichkeitsarbeit/Pressemitteilungen/2011/24_InformationspflichtAuchFuerBehoerden.html.

der Medien öffentlich gemacht wird und hohes Aufsehen erregt."[4] Übertragen auf die Polizei bedeutet dies ein beabsichtigtes oder irrtümliches Versagen, ausgelöst durch hochrangige Polizeiführer oder die Polizei als Institution.

„(Polizei-)Affäre"

> „Als Affäre oder auch Affaire (von französisch affaire: „Sache"; diese ältere, französische Schreibweise wird im Deutschen jedoch kaum noch verwendet) bezeichnet man ... in der Politik einen Vorgang, bei dem Politiker in undurchsichtige Machenschaften verwickelt sind, siehe Politische Affäre."[5] Streiche „Politiker" und setze „Polizisten" und schon wird aus einer Politaffäre eine Polizeiaffäre.

---

[4] Skandal, unter: http://encyclopedie-de.snyke.com/articles/skandal.html# Deutschland_28allgemein.29.

[5] Vgl. affaire, unter: http://www.fremdwort.de/suchen/bedeutung/affaire.

2. Konkrete Beispiele

Es ist sicherlich nicht von der Hand zu weisen, dass es auch durch Polizeibeschäftigte zu Falschbeurteilungen, Verfehlungen und Straftaten kommt, die dann in den Medien in Verbindung mit der Polizei als „Pannen", „Skandale" oder „Affären" bezeichnet werden. Hier aber Beispiele, die sich früher oder später als Vorverurteilung herausgestellt haben oder erheblich relativiert werden mussten.

2.1 „Polizeipannen"

2.1.1. „Mordfall Lena in Emden"

Innenminister: Polizeipanne hat Konsequenzen

Berlin. Kopfschütteln bei Experten, harte Fragen aus der Politik: Die Polizei steht wegen Ermittlungspannen zum Mord an der elfjährigen Lena in der Kritik. Der mutmaßliche Täter war bereits im November zur Polizei gegangen und hatte auf seine krankhaften Neigungen hingewiesen.
Niedersachsens Innenminister Uwe Schünemann (CDU) hat nach der schweren Ermittlungspanne vor dem Mord an der elfjährigen Lena in Emden Konsequenzen angekündigt. „Dass das nicht ohne Folgen bleiben kann, ist für mich klar", sagte Schünemann im ZDF-‚Morgenmagazin' am Mittwoch. Jetzt müssten die polizeiinternen Ermittlungen schonungslos geführt werden.
„Es muss lückenlos aufgeklärt werden, warum es offensichtlich bei der Polizeiinspektion Aurich/Wittmund nach der Einleitung eines Verfahrens zu einer schleppenden Sachbearbeitung durch einzelne Ermittlungsbeamte gekommen ist", sagte Schünemann.
„Nachdem es der Mordkommission in Emden in kurzer Zeit gelungen ist, den mutmaßlichen Täter zu ermitteln, macht es mich jetzt umso betroffener, dass unmittelbar nach diesem Fahndungserfolg im Hinblick auf weitere Tatvorwürfe Versäumnisse festgestellt wurden", sagte Niedersachsens Innenminister weiter.

Der GdP-Bundesvorsitzende Bernhard Witthaut[6] sagte am Dienstag im ZDF-„heute journal", er maße sich nicht an, ein Vorurteil oder Gerücht in die Welt zu setzen. Zunächst gelte es, die Vorgänge gründlich aufzuarbeiten. Dann könnten Konsequenzen gezogen werden. Dagegen machte der Direktor der Kriminologischen Zentralstelle von Bund und Ländern, Rudolf Egg, der Polizei schwere Vorwürfe. Wenn schon jemand zur Polizei komme und sage, er habe eine pädophile Neigung und wolle einen Schlusspunkt setzen, dann sei das auch eine Art Hilferuf, sagte Egg in den ARD-„Tagesthemen". „Im Interesse des Opferschutzes kann man so jemanden nicht einfach gehen lassen", kritisierte er.

„Polizei erstaunlich passiv"
Der Kriminologe Christian Pfeiffer kritisierte, die Reaktion der Polizei auf die Selbstanzeige des 18-Jährigen sei erstaunlich passiv gewesen. „Jeder weiß, gerade in diesen jungen Jahren ist man noch sehr therapiefähig", sagte der Direktor des Kriminologischen Forschungsinstituts Niedersachsen in der Fernsehsendung „NDR aktuell". Wenn die Polizei konkret beispielsweise nach dem Therapeuten des Jungen gefragt hätte, „dann hätte etwas in Gang kommen können, das die ganze Geschichte gedreht hätte", sagte Pfeiffer. Ob eine Hausdurchsuchung den Tod Lenas verhindert hätte, sei allerdings keineswegs sicher. ...[7]

Und dann dieses Ergebnis:

„POL-OS: Disziplinarverfahren gegen Polizisten im Fall Lena eingestellt
Osnabrück (ots) – Erleichtert hat sich Polizeipräsidentin Heike Fischer nach dem Ende der Disziplinarverfahren im Zusammenhang mit dem Mordfall Lena geäußert. „Ich bin froh, dass diese Verfahren nun endlich abgeschlossen sind. Das war ein für alle Seiten äußerst zermürbender Prozess. Am Ende bin ich zufrieden, dass sich die erhobenen Vorwürfe in einer sorgfältigen Untersuchung der näheren Umstände klären ließen und wir keine disziplinarischen Maßnahmen ergreifen mussten", erklärte Fischer.
Bereits im September hatte die Staatsanwaltschaft Aurich die Ermittlungen gegen zwei Beamte wegen möglicher Strafvereitelung im Amt eingestellt. Im November war dann der 19jährige Täter verurteilt wor-

---

[6] Bernhard Witthaut ist seit dem 10.04.2013 Polizeipräsident der Polizeidirektion Osnabrück.
[7] http://www.rp-online.de/panorama/deutschland/innenminister-polizeipanne-hat-konsequenzen-aid-1.2780879 (4. April 2012).

den, der Lena im März in einem Emder Parkhaus erwürgt hatte. Er ist seither in einer psychiatrischen Anstalt untergebracht. Sowohl der Vorsitzende Richter als auch der Anwalt der Opferfamilie waren gegen Ende des Verfahrens Spekulationen entgegengetreten, Lena könne noch leben, hätte die Polizei anders gehandelt. In einer Erklärung des Anwaltes heißt es, schuld sei allein der Täter: „Soweit in der Öffentlichkeit eine Untätigkeit verschiedener Behörden oder Einrichtungen kritisiert worden ist, waren vermeintliche Unterlassungen nicht ursächlich für den Tod der kleinen Lena."

Wie die Polizeidirektion Osnabrück jetzt mitteilte, wurden alle Disziplinarverfahren eingestellt. In sechs von acht Fällen wurden keine Dienstvergehen festgestellt. Anders in den beiden übrigen Fällen. Nach dem Ergebnis der internen Untersuchungen und unter Würdigung der Gesamtumstände war es jedoch angezeigt, auch die Verfahren gegen diese Beamten einzustellen, heißt es in der Presseerklärung. ..."[8]

Die frühere Polizeipräsidentin Heike Fischer geriet dann vorübergehend auch selbst unter Druck:

Ermittlungsverfahren gegen Polizeipräsidentin Heike Fischer[9] eingestellt

Die Staatsanwaltschaft Osnabrück hat heute das Ermittlungsverfahren gegen die Osnabrücker Polizeipräsidentin Heike Fischer wegen des Verdachts der Vorteilsannahme und der Untreue eingestellt. Ein strafbares Verhalten liegt nicht vor. Der Besuch des Polizeieinsatzes beim Motorradrennen im niederländischen Assen am 25. Juni 2011 liegt im Rahmen der erlaubten Dienstausübung. Die mit Unterstützung der zuständigen niederländischen Staatsanwaltschaft geführten Ermittlungen haben zu folgendem Ergebnis geführt: Frau Fischer war anlässlich des Polizeieinsatzes beim Motorradrennen vom Korpschef der Polizei Drenthe zur Beobachtung des Gesamteinsatzes und zur Verbesserung der deutsch-niederländischen Polizeikontakte eingeladen. Hintergrund: Seit vielen Jahren unterstützen deutsche Polizeibeamte ihre niederlän-

---

[8] http://www.firmendb.de/pressemitteilungen/polizeibericht-2422144.php (25.02. 2013).

[9] Osnabrück. Die Osnabrücker Polizeipräsidentin Heike Fischer wird abgelöst und durch den Gewerkschaftsvorsitzenden Bernhard Witthaut ersetzt. Das hat Niedersachsens Innenminister Boris Pistorius (SPD) am Mittwochnachmittag in Hannover offiziell bestätigt. Unsere Zeitung hatte zuvor berichtet, dass Pistorius diesen Schritt gehen wolle., in: Neue Osnabrücker Zeitung vom 03.04.2013, unter: http://www.noz.de/lokales/osnabrueck/artikel/306454/innenminister-pistorius-bestatigt-ablosung-der-osnabrucker-polizeiprasidentin-fischer.

dischen Kollegen im Einsatz rund um das Motorradrennen in Assen, weil dort Tausende deutscher Fans mit Motorrädern anreisen. Auch in diesem Jahr hatte die Polizeidirektion Osnabrück auf Ersuchen der niederländischen Polizei mehrere mit Motorrädern ausgerüstete deutsche Polizisten entsandt. ...

Auch hinsichtlich des Konzertbesuches in Sögel anlässlich eines Empfangs beim dortigen Bürgermeister ist ein Fehlverhalten auszuschließen. Der Bürgermeister der Samtgemeinde Sögel hat gegenüber der Staatsanwaltschaft angegeben, er habe Frau Fischer zwei Eintrittskarten persönlich ausgehändigt. Diese habe die Karten bezahlen wollen. Da es sich um nicht käuflich erwerbbare Ehrenkarten gehandelt habe, habe er mit Frau Fischer eine Spende in Höhe des mutmaßlichen Wertes vergleichbarer Karten vereinbart. Diese Geldspende sei zusammen mit einem Dankesbrief wenige Tage später in der Gemeinde eingegangen und für das Jugendzentrum verwandt worden.

Damit hat Frau Fischer keinen Vorteil im Sinne des Korruptionsstrafrechtes erhalten. Die Wahrnehmung offizieller Einladungen stellt für die Polizeipräsidentin – wie auch für andere Behördenleiter – eine rechtmäßige dienstliche Aufgabe im Rahmen der Repräsentation ihrer Behörde dar. Die Benutzung des Dienstwagens ist damit ebenfalls nicht zu beanstanden. Eine Korruptionsstraftat liegt somit eindeutig nicht vor, auch eine Untreue ist ausgeschlossen."[10]

Es war dann nur ein scheinbares „Polizeiskandälchen" der später aus anderen Gründen abgesetzten Polizeipräsidentin.

2.1.2 „Polizeipanne" in Köln:

17-Jähriger plötzlich verschwunden – Die Bezirksregierung Köln hat Vorwürfe gegen die Polizei bei Ermittlungen zum geplanten Amoklauf bestätigt: Der 17-jährige Verdächtige entwischte nach einem Gespräch, beging dann Selbstmord."[11]

Hierzu stellen sich aus meiner Sicht zwei Fragen:

---

[10] Niedersächsische Staatsanwaltschaften, unter: http://www.staatsanwaltschaften. niedersachsen.de/portal/live.php?navigation_id=22941&article_id=101779&_ psmand=165 (Pressemitteilung 22/11).
[11] ZDF.de - Artikelseite, unter: http://www.heute.de/ZDFheute/ (vom 20.11.2007 mit Material von dpa und afp); auch: http://www.bild.de/news/2007/hg-polizei-panne-3016074.bild.html.

a) Unterlag der „Entwischte" überhaupt einer freiheitsentziehenden Maßnahme?

b) Falls nicht, worin begründet sich dann eine Polizeipanne?

2.2 „Polizeiskandal: Nur eine Mordsgaudi?"

An den menschenverachtenden Umtrieben in einer bayerischen Polizeihundeschule soll nichts dran gewesen sein, sagt die Staatsanwaltschaft. SPD und Grüne wollen weiter bohren. Irgendwie erinnert das, was sich da in den Reihen der bayerischen Polizei abgespielt haben soll, an die schrecklichen Bilder aus Abu Ghraib: Wehrlose Menschen auf allen Vieren am Boden, von selbst ernannten Herrenmenschen an der Hundeleine geführt. Diesmal jedoch sollen sich die abscheulichen Szenen nicht im irakischen Kriegsgebiet, sondern in Bayern abgespielt haben, dort, wo die Provinz am tiefsten ist. In der Polizeischule im oberpfälzischen Herzogau nahe der tschechischen Grenze sollen Ausbilder junge Beamtinnen auf Abschlussfeiern sexuell erniedrigt und gequält haben. Die Rede war auch von Tierquälerei, Alkoholexzessen und neonazistischen Umtrieben. Außerdem sollen tschechische Prostituierte in der Schule ihre Dienste angeboten haben. … Der Fall zog rasch Kreise und schien sich zur ersten Belastungsprobe für Bayerns neuen Innenminister Joachim Hermann (CSU) auszuwachsen. … Aufgrund der schweren Anschuldigungen wurden drei betroffene Beamte bis zur Klärung der Vorwürfe in andere Dienststellen versetzt. Herrmann wollte sich offenbar nicht dem Vorwurf der Opposition aussetzen, nicht hart genug durchzugreifen, obwohl Beweise für die Exzesse an der abgelegenen Hundeschule noch nicht vorlagen. Für SPD und Grüne war der Fall Herzogau ein gefundenes Fressen. … Am Freitagmittag traf dann eine Pressemitteilung der mit Vorermittlungen zu dem Fall befassten Regensburger Staatsanwaltschaft ein. Tenor: An den anonymen Vorwürfen sei nichts, aber auch gar nichts dran. Zumindest nichts, was strafrechtlich von Belang gewesen sein könnte."[12]

---

[12] ZEIT ONLINE, unter: http://www.zeit.de/online/2007/45/polizeiskandal (2.11.2007, von Georg Etscheit).

2.3 „Osnabrücker Abschleppaffäre"

Der Ausgangssachverhalt ergibt sich im Wesentlichen aus der folgenden Presseveröffentlichung.

Neun weitere Polizisten angeklagt
Bewegung in der Abschleppaffäre – Vorteilsnahme in der Autowerkstatt?

BRAMSCHE. In der Abschleppaffäre, in die 20 Polizeibeamte aus dem Kommissariat Bramsche und der Bramscher Autobahnwache verwickelt sein sollen, werden 14 Polizisten aus der Gruppe der Beschuldigten vor dem Landgericht Osnabrück angeklagt.
Oberstaatsanwalt Rolf Marquard bestätigte gestern auf Anfrage unserer Zeitung, dass zusätzlich zu den fünf Beamten, gegen die bereits Anklage erhoben wurde, neun weitere Polizisten angeklagt werden. Auch ihnen wirft die Staatsanwaltschaft Vorteilsnahme im Zusammenhang mit der Vergabe von Abschleppaufträgen vor.
Genau vor einem Jahr waren die mittlerweile zwei Jahre andauernden Ermittlungen gegen die Polizisten und die Vorwürfe, die ihr Arbeitgeber, die Polizeidirektion Osnabrück, gegen sie erhebt, in einer Pressekonferenz bekannt geworden.
Die Polizisten sollen, so Polizeidirektion und Staatsanwaltschaft, ein Abschleppunternehmen aus dem nördlichen Landkreis bei der Vergabe von Abschleppaufträgen bevorzugt haben. Dafür sollen sie ihre Privatfahrzeuge zu vergünstigten Preisen oder kostenlos in der Werkstatt des Abschleppunternehmers reparieren lassen haben. Die Polizisten, die teils suspendiert und teils umgesetzt wurden, bestreiten diese Vorwürfe. Ihre Anwälte halten der Polizeidirektion vor, die Unschuldsvermutung im Fall der Beamten vernachlässigt zu haben. Außerdem werfen sie ihr vor, die Ermittlungen einseitig zulasten der Polizisten geführt zu haben. Diesen Vorwurf bekräftigte der Osnabrücker Rechtsanwalt Klaus Rüther gestern erneut. „Wenn hier nach beiden Seiten, also auch entlastend, ermittelt worden wäre, wäre es nicht zu den Anklagen gekommen." Die fünf suspendierten Polizeibeamten hatten sich vor dem Verwaltungsgericht Osnabrück erfolgreich gegen ihre Suspendierung gewehrt. ...
Der Abschleppunternehmer – mittlerweile nicht mehr Inhaber der Firma – war nach dem Bekanntwerden der Vorwürfe in Untersuchungshaft genommen worden, der Haftbefehl wurde kurze Zeit später aber

außer Vollzug gesetzt. Gegen ihn wurde bis heute noch keine Anklage erhoben.

Die 1. Große Strafkammer des Landgerichts hat nun darüber zu entscheiden, ob das Hauptverfahren gegen die Polizeibeamten eröffnet wird. Das ist dann der Fall, wenn eine Verurteilung der Polizisten aufgrund der Aktenlage „hinreichend wahrscheinlich" erscheint.[13]

Zur weiteren Chronologie:

Anklagen gegen Polizisten zurückgenommen
Nach dem Freispruch der fünf Polizeibeamten, denen Vorteilsnahme im Zusammenhang mit der Vergabe von Abschleppaufträgen vorgeworfen wurde, hat die Staatsanwaltschaft Osnabrück jetzt die Anklagen gegen die weiteren neun Polizeibeamten zurückgenommen. Das teilte Alexander Retemeyer, Sprecher der Staatsanwaltschaft Osnabrück, gestern auf Anfrage mit. Der Verfahrenskomplex gegen die neun Beamten war von der Hauptverhandlung am Landgericht Osnabrück abgetrennt worden.

Auch die Verfahren gegen die nicht angeklagten Beschuldigten seien eingestellt worden, sagte Retemeyer. Angesichts der Beweislage, wie sie sich vor der 10. Großen Strafkammer des Landgerichts Osnabrück dargestellt habe, sei es nicht vertretbar gewesen, die Angelegenheiten weiterzuverfolgen. ...[14]

Öffentliche Rehabilitierung gefordert
03.02.2009 – Bei einem Informationsbesuch in der Polizeistation Bohmte haben sich gestern die beiden CDU-Landtagsabgeordneten Ernst-August Hoppenbrock (Melle) und Clemens Lammerskitten (Wallenhorst) im Gespräch mit der Leiterin des Polizeikommissariates Bramsche, Anita Kamp, dafür ausgesprochen, dass die in der sogenannten **Abschleppaffäre** zu Unrecht beschuldigten Polizisten „öffentlich durch die Polizeiführung in Osnabrück rehabilitiert werden". Hoppenbrock betonte: ‚Für mich stellt sich hier auch die Frage: Wie geht der Staat mit seinen Bediensteten um? Die Beamten sind eineinhalb Jahre lang vorverurteilt und stigmatisiert worden. ...[15]

---

[13] Neue Osnabrücker Zeitung vom 25.07.2008, S. 9 (Osnabrücker Land, von Julia Kuhlmann).
[14] Neue OZ online vom 23.12.2008 (juk Osnabrück).
[15] Neue OZ online (03.02.2009).

Verfahren gegen die Ermittler eingestellt

Die Staatsanwaltschaft Oldenburg hat die Ermittlungsverfahren gegen einen Osnabrücker Oberstaatsanwalt und eine Polizeibeamtin der Polizeiinspektion Osnabrück in der sogenannten Abschleppaffäre eingestellt. Sie hatten die Ermittlungen gegen 20 Polizisten wegen des Verdachts der Korruption geführt und waren nach dem Freispruch der Beamten mit dem Vorwurf der Urkundenunterdrückung und -fälschung sowie der Verfolgung Unschuldiger konfrontiert worden. ...

Die Ermittlungen in diesem Fall waren von den Anwälten der Polizeibeamten schon bald nach Bekanntwerden des Falls kritisiert worden. Und auch der Vorsitzende Richter am Landgericht Osnabrück übte Kritik, indem er die Ermittlungen in der mündlichen Urteilsbegründung als „willkürlich" und „einseitig" bezeichnete.

„Die daraufhin eingeleiteten Ermittlungsverfahren gegen den Anklageverfasser und die hauptermittelnde Beamtin wurden von der Staatsanwaltschaft Oldenburg mangels hinreichenden Tatverdachts eingestellt", heißt es jetzt in der Presseerklärung der Staatsanwaltschaft Oldenburg. ...[16]

Verfahren gegen Polizeiführung eingestellt

Oldenburg/Osnabrück.

Die Staatsanwaltschaft Oldenburg hat im Zusammenhang mit der sogenannten Abschleppaffäre auch das Ermittlungsverfahren gegen die Osnabrücker Polizeiführung eingestellt. Der Anzeige-Erstatter hatte den Vorwurf der falschen Verdächtigung erhoben.

„Die Ermittlungen haben keine Anhaltspunkte für ein strafbares Verhalten der Polizeiführung ergeben", teilt die Oldenburger Staatsanwaltschaft mit. Das Ermittlungsverfahren war aufgrund einer Anzeige eines ehemaligen Kriminaloberkommissars gegen den Osnabrücker Polizeipräsidenten, den Leiter der Polizeiinspektion Osnabrück und dessen Stellvertreter eingeleitet worden. ...[17]

Aus meiner Sicht gab es in dieser „Abschleppaffäre" sicherlich einen Anfangsverdacht, von dem Staatsanwaltschaft und Polizei ausgegangen sind. Die gerichtliche Verfahrenseinstellung muss ohne Wenn und Aber akzeptiert werden. Das „Nachtreten" gegen den Oberstaatsanwalt und die ermittelnde Beamtin erscheint mir ebenso überflüssig wie die Anzeige eines pensionierten Kriminaloberkommissars gegen den Os-

---

[16] Neue OZ online vom 30.05.2009 (von Julia Kuhlmann).
[17] Neue OZ online vom 09.06.2009.

nabrücker Polizeipräsidenten und weitere Führungskräfte. Gelitten haben in diesen Verfahren viele.

Im Nachhinein ist man immer schlauer: Es wäre wohl angebracht gewesen, die Ermittlungen (Staatsanwaltschaft, Polizei) nicht von Osnabrück aus zu führen, sondern auswärtige Behörden damit zu betrauen. Das hätte viel Ärger und Anfeindungen erspart. Bleibt zu hoffen, dass die entsprechenden Konsequenzen gezogen werden.

Wegen der besonderen Nähe zur Osnabrücker Polizei möchte ich mich weiterer Kommentare enthalten – die gab es auch reichlich in Form von Leserbriefen.

Was bleibt, ist eine Medienkampagne, die dem Ruf der Polizei in der Öffentlichkeit nicht besonders dienlich war.

2.4 „Dienstwagenaffären" (noch nicht abgeschlossen)

Papenburger erneut suspendiert
Affäre um Dienstwagen: Ex-Polizeichef kämpft um Posten

Osnabrück. Es ist ein Foto aus besseren Tagen. Der Papenburger Hans-Henning von Dincklage blickt 2007 als frisch ernannter Polizeichef von Wilhelmshaven in die Kamera. Hinter ihm der damalige Oldenburger Polizeipräsident Hans-Jürgen Thurau. Beide Männer sind nicht mehr im Amt. Beide stehen im Mittelpunkt einer Dienstwagenaffäre, die kein Ende zu nehmen scheint.
Kurz und knapp hatte die Polizeidirektion Oldenburg im April 2013 mitgeteilt, dass von Dincklage suspendiert worden sei. Wenige Wochen zuvor hatte Innenminister Boris Pistorius (SPD) drei Polizeipräsidenten in Niedersachsen geschasst – auch den von Oldenburg. In der Aufregung darüber ging die Nachricht aus Wilhelmshaven ein wenig unter.
„Gegen den Beamten werden wegen des Verdachts eines Dienstvergehens im Zusammenhang mit der missbräuchlichen Nutzung von Dienstfahrzeugen disziplinarrechtliche Ermittlungen geführt", hieß es von der Direktion. Von Dincklage, der in Papenburg lebt und einen Zweitwohnsitz in Oldenburg hat, soll Dienstwagen – manchmal samt Fahrer – für private Fahrten genutzt haben. So der Vorwurf.
Hinweis aus Reihen der Polizei?
Die Staatsanwaltschaft in Oldenburg nahm die Ermittlungen wegen des Verdachts der Untreue auf. Der Hinweis kam aus den Reihen der Poli-

zei, ist zu erfahren. Unterlagen bis zurück ins Jahr 2007 wurden sicher-gestellt – damals trat von Dincklage seinen Dienst in Wilhelmshaven an. Zuvor hatte er schon das Polizeikommissariat in Papenburg geleitet. Der damalige Polizeipräsident Thurau fand bei der Amtseinführung nur lobende Worte.

Die beiden Männer sollen sich gut verstanden haben. So gut, dass Thurau bei seinem Untergebenen Dienstvergehen absichtlich übersah? Auch diesem Verdacht geht die Staatsanwaltschaft nach. Als der Polizeipräsident im Zuge der Rochade längst gegen SPD-Mann Johann Kühme ausgewechselt und in den Ruhestand versetzt worden war, klingelten die Ermittler an seiner Privatwohnung in Cloppenburg. Unterlagen wurden sichergestellt. Seitdem heißt es bei der Staatsanwaltschaft nur: „Die Ermittlungen dauern an." In beiden Fällen. Seit mehr als 14 Monaten geht das so.

„Noch nie grün gewesen"

Der neue Polizeipräsident Kühme und von Dincklage, so sagen Kenner, seien sich hingegen „noch nie grün" gewesen. Und tatsächlich ist ein Vorgang aktenkundig, der weit in die Vergangenheit reicht: 2005 soll sich Kühme demnach an die Generalstaatsanwaltschaft Oldenburg gewandt und erfragt haben, ob sich sein Kollege korrekt verhalten habe. Es ging dabei, so ist zu vernehmen, um die Nutzung eines Dienstwagens. Darauf von unserer Zeitung angesprochen, lässt Kühme über die Pressestelle der Polizeidirektion um Verständnis bitten, „dass Anfragen inhaltlicher Art während der Dauer des laufenden Verfahrens durch die Polizeidirektion Oldenburg nicht beantwortet werden".

An Akademie versetzt

Auf alle Fälle verlief die Angelegenheit seinerzeit im Sande. Die Sache war damit erledigt. Bis im April 2013 die Suspendierung ausgesprochen wurde. Seitdem wehrt sich von Dincklage gegen die Anschuldigungen, aber auch dagegen, aus dem Polizeidienst gedrängt zu werden. Die erste Suspendierung wurde nach einer Anweisung aus Hannover zurückgezogen und der Emsländer an die Polizeiakademie Niedersachsen versetzt.

Hier unterrichtete er bis zum Mai. In einer Veranstaltungspause soll der Papenburger die Info bekommen haben, dass er erneut suspendiert worden ist. Die Ermittlungen hätten neue Erkenntnisse erbracht, hieß es von der Polizeidirektion. Was diese neuen Erkenntnisse sein sollten, berichtet tags drauf die „Nordwest-Zeitung" : Von Dincklage soll nicht nur die Dienstwagen missbräuchlich genutzt, er soll die Fahrten auch als Fahrten mit dem Privatwagen steuerlich abgesetzt haben.

Jürgen Restemeier, Osnabrücker Anwalt des Polizisten, schüttelt den Kopf. Er wundert sich über die Vorgänge in Oldenburg: Gegen unbekannt hat er Strafanzeige wegen Verletzung des Steuergeheimnisses gestellt. Und den Ermittlern wirft er vor, „14 Monate lang keine entlastenden Umstände berücksichtigt zu haben, obwohl die Behörden dazu verpflichtet sind".

„Ermittlungen einseitig"

Folgt man Restemeier, hat sein Mandant längst alle Vorwürfe widerlegt. Umfangreiche Unterlagen seien eingereicht und 50 Zeugen benannt worden. „Kein einziger ist nach unserer Kenntnis allerdings bislang vernommen worden", klagt Restemeier, der die Ermittlungen als einseitig kritisiert.

Vergangene Woche hat er zudem einen Antrag auf Aussetzung der vorläufigen Dienstaufhebung gestellt. So heißt das im Beamtendeutsch. Von Dincklage will zurück in den Dienst und ficht die erneute Suspendierung an. „Mein Mandant empfindet eine tiefe Enttäuschung über die Behandlung durch seine Vorgesetzten. Er ist Polizist mit Leib und Seele", sagt Restemeier. Von Dincklage selbst will sich nicht zu den Vorgängen äußern. Er fürchtet wohl weitere disziplinarische Konsequenzen.

Auf den Posten in Wilhelmshaven kam er im Übrigen, nachdem der Vorgänger im Zuge von Ermittlungen suspendiert worden war. Er war angeblich in ein Tötungsdelikt verwickelt. Diese Vorwürfe bestätigten sich allerdings nicht.[18]

---

[18] Neue Osnabrücker Zeitung vom 18.06.2014 (NORDEST, von Dirk Fisser), unter: http://www.noz. de/deutschland-welt/niedersachsen/artikel/483492/affare-um-dienstwagen-ex-poli zeichef-kampft-um-posten (17.06.2014).

Ich sah mich veranlasst, hierzu einen Leserbrief zu schreiben:

Ein Mann von hoher Kompetenz

Zum Artikel „Ex-Polizeichef kämpft um Posten" (Ausgabe vom 18. Juni).

„Zu den strafrechtlich relevanten Vorwürfen, die im Raum stehen, kann ich mich selbstverständlich nicht äußern. Aus dem Artikel wird aber deutlich, dass es im Hintergrund mehr um ein politisches Gerangel und um Postenschieberei zwischen SPD und CDU um das Amt des Polizeipräsidenten in Oldenburg geht.

Ich kenne den ehemaligen Polizeipräsidenten Hans-Jürgen Thurau seit 1978. Herr Thurau ist nach meiner Bewertung ein Mann von hoher fachlicher und sozialer Kompetenz. Das hat er in verschiedenen Funktionen bewiesen, und er hatte bei Vorgesetzten, Mitarbeiterinnen und Mitarbeitern sowie im Kollegenkreis hohes Ansehen.

Nicht zu vergessen sein unermüdliches Engagement bei der Aufklärung der Morde an der elfjährigen Christina Nytsch (‚Soko Nelly‘) und an der zwölfjährigen Ulrike Everts. Auch diese Erfolge treten in den Hintergrund, wenn die Dienstpostenbesetzung von der Parteizugehörigkeit bestimmt wird. In der Vergangenheit sind Polizeiaffären häufig im Sande verlaufen. Vielleicht entpuppt sich diese Affäre auch als ein Affärchen und bleibt somit ohne strafrechtlich relevante Konsequenzen."

Ernst Hunsicker
Bad Iburg

Quelle: Neue Osnabrücker Zeitung vom 26.06.2014, Seite 8

18

Mein Leserbrief wegen der besseren Lesbarkeit in der Originalfassung mit Hinweisen:

Politisches Gerangel und Postenschieberei

Zum Artikel „Ex-Polizeichef kämpft um Posten – Papenburger in Dienstwagenaffäre verstrickt - Einspruch gegen erneute Suspendierung" (Ausgabe vom 18. Juni)
„Zu den strafrechtlich relevanten Vorwürfen, die im Raum stehen, kann ich mich selbstverständlich nicht äußern. Aus dem Artikel wird aber deutlich, dass es im Hintergrund mehr um ein politisches Gerangel und um Postenschieberei zwischen SPD und CDU um das Amt des Polizeipräsidenten in Oldenburg geht.
Ich kenne den ehemaligen Polizeipräsidenten Hans-Jürgen Thurau[19] seit 1978. Herr Thurau ist nach meiner Bewertung ein Mann von hoher fachlicher und sozialer Kompetenz. Das hat er in verschiedenen Funktionen bewiesen und er hatte bei Vorgesetzten, Mitarbeiterinnen und Mitarbeitern sowie im Kollegenkreis hohes Ansehen.
Nicht zu vergessen sein unermüdliches Engagement bei der Aufklärung der Morde an der elfjährigen Christina Nytsch („Soko Nelly") und an der zwölfjährigen Ulrike Everts.[20] Auch diese Erfolge treten in den

---

[19] **Pistorius schasst drei Polizeipräsidenten** – Sechs Wochen nach dem Regierungswechsel in Niedersachsen will der neue Innenminister Boris Pistorius (SPD) die Spitze der Polizei grundlegend umbauen. Am Mittwochnachmittag stellte Pistorius in Hannover seine Pläne für mehrere Personalveränderungen vor. In Osnabrück soll Polizeipräsidentin Heike Fischer abgelöst werden, in Oldenburg muss Jürgen Thurau gehen und in Hannover ist die Zeit von Axel Brockmann abgelaufen. Über alle Personalien muss das Kabinett am Dienstag noch entscheiden. Pistorius betonte, dass seine Pläne nichts mit Parteienproporz zu tun hätten. Das könne man "aus dem Tableau wirklich nicht ableiten", entgegnete der Minister auf entsprechende Kritik von CDU und FDP. ..., in: NDR.de vom 03.04.2013, unter: http://www.ndr.de/nachrichten/niedersachsen/Pistorius-schasst-drei-Polizeipraesi denten,polizeipraesident103.html.
[20] **VERBRECHEN – Gentest überführte Mädchenmörder** AM 16. MÄRZ 1998 VERSCHWAND DIE ELFJÄHRIGE CHRISTINA NYTSCH. IHR MÖRDER RONNY RIEKEN HATTE ZUVOR BEREITS ULRIKE EVERTS GETÖTET. Vor zehn Jahren leitete der Fall „Nelly" die größte Fahndung der deutschen Geschichte ein: ... „Unsere allergrößte Sorge war, dass der Täter noch während der Ermittlungen erneut zuschlägt", berichtet der damalige Gesamteinsatzleiter Hans-Jürgen Thurau, der mittlerweile Polizeipräsident in Oldenburg ist. Als Fallanalytiker des Bundeskriminalamtes als Mörder einen zwischen 18 und 30 Jahren Mann aus der Region vermuten, entscheidet sich Thurau für einen spektakulären Fahndungs-Schachzug: In der Region Saterland/Cloppenburg werden alle Männer dieser Altersgruppe in zwölf Städten und Gemeinden dazu aufgefordert, Ostern 1998 „freiwillig" zu einem DNA-Test anzutreten. ..., in: NWZ ONLINE vom

Hintergrund, wenn die Dienstpostenbesetzung von der Parteizugehörigkeit bestimmt wird.

In der Vergangenheit sind Polizeiaffären häufig im Sande verlaufen. Vielleicht entpuppt sich diese Affäre auch zu einem Affärchen und bleibt somit ohne strafrechtlich relevante Konsequenzen."

Ernst Hunsicker
Kriminaldirektor a.D.
Bad Iburg

Dann ein Verfahren gegen den amtierenden Oldenburger Polizeipräsidenten Johann Kühme wegen eines gleichen Vorwurfs:

Dienstwagen missbräuchlich genutzt?

Razzia: Büro von Oldenburgs Polizeipräsident durchsucht

Osnabrück. Die Staatsanwaltschaft ermittelt gegen den Oldenburger Polizeipräsidenten Johann Kühme. Am Dienstag fanden Durchsuchungen seiner Diensträume im Beisein von zwei Staatsanwälten statt.

Wieder eine Dienstwagenaffäre, wieder die Polizeidirektion Oldenburg: Staatsanwälte und Polizei haben das Büro von Direktionspräsident Johann Kühme wegen des Verdachts der Untreue durchsucht. Er soll unrechtmäßig auf Dienstwagen zurückgegriffen haben. Ausgerechnet. Es war Kühme, der die Suspendierung des Wilhelmshavener Polizeichefs Hans-Henning von Dincklage veranlasste – wegen Dienstwagenvergehen.

Jetzt sieht sich Kühme selbst mit ähnlichen Vorwürfen konfrontiert. Am Dienstag stellten die Ermittler Unterlagen sicher. Wie eine Sprecherin der Staatsanwaltschaft unserer Zeitung sagte, soll sich der heutige Polizeipräsident in seiner Zeit als Leiter der Inspektion Oldenburg bei dienstlichen Terminen unrechtmäßig von Dienstagwagen in seiner Heimat im Landkreis Ammerland abholen oder hierhin zurückbringen lassen haben.

Auf die Vergehen wurden die Ermittler nicht etwa durch eine Anzeige Dritter aufmerksam, wie die Staatsanwaltschaft bestätigte. Sie schöpften bei der Durchsicht der Fahrtenbücher Verdacht, die bei den Ermittlungen gegen den in Papenburg lebenden von Dincklage sichergestellt worden waren. Auch er soll als Inspektionsleiter von Wilhelmshaven

---

15.03.2008 (von Hans Drunkenmölle), unter: http://www.nwzonline.de/hintergrund /gentest-ueberfuehrte-maedchenmoerder_a_3,1,196134722.html.

unrechtmäßig Dienstwagen genutzt haben – allerdings im weitaus größeren Umfang.

Angeschwärzt wurde Kühme also nicht. Er selbst spricht in einer Stellungnahme der Polizeidirektion dennoch von „Gegenvorwürfen". Eine staatsanwaltschaftliche Prüfung sei „ein normaler Vorgang". Kühme erklärte, ein Disziplinarverfahren gegen sich selbst zu beantragen. Zudem regte er an, die dienstrechtlichen Ermittlungen gegen von Dincklage von Hannover aus fortzuführen. Bisher waren Polizisten aus Oldenburg mit dem Fall des Papenburgers befasst, in dessen Zuge auch Ermittlungen gegen den Kühme-Vorgänger Hans-Jürgen Thurau eingeleitet worden waren. Er soll die Vergehen von Dincklages geduldet haben.

Nun hat der Chefermittler seine eigene Dienstwagenaffäre. Unklar bleibt, warum Kühmes mutmaßliche Verstöße in den Fahrtenbüchern von Dincklages auftauchen. Fuhren beide Inspektionsleiter im selben Wagen? In dem Fall hätte Kühme ahnen können, dass ihm Ermittlungen drohen. Der Polizeipräsident teilte mit, „vor fast eininhalb Jahren gegenüber der Staatsanwaltschaft Oldenburg auf die Praxis der Dienstwagennutzung hingewiesen" zu haben. Während er von Dincklage suspendierte, hält er in seinem Fall einen Rücktritt offenkundig nicht für angebracht. Das Innenministerium will derweil die Vorgänge in Oldenburg nicht kommentieren.[21]

Diese Affäre bleibt – vorerst? – ohne Folgen:

Trotz Dienstwagen-Ermittlungen

Innenministerium: Polizeipräsident Kühme bleibt im Amt

Osnabrück. Das niedersächsische Innenministerium sieht derzeit keinen Anlass, den Oldenburger Polizeipräsidenten Johann Kühme zu suspendieren. Gegen ihn laufen Ermittlungen wegen des Verdachts der unrechtmäßigen Nutzung von Dienstwagen. „Kühme bleibt im Amt", teilte die übergeordnete Behörde in Hannover am Freitag mit.
Zugleich wies eine Sprecherin Kritik der Opposition zurück. Der polizeipolitische Sprecher der CDU, Thomas Adasch, hatte bemängelt, Minister Boris Pistorius (SPD) habe den Landtag zwar über insgesamt

---

[21] Neue Osnabrücker Zeitung vom 30.07.2014, unter: http://www.noz.de /deutschland-welt/niedersachsen/artikel/494542/razzia-buro-von-oldenburgs-polizeiprasident-durchsucht.

acht Dienstwagen-Affären bei Landesbehörden informiert. Er habe aber verschwiegen, dass auch SPD-Mann Kühme davon betroffen sei. Aus dem Ministerium hieß es jetzt, die „Fürsorgepflicht gegenüber den Betroffenen, die Unschuldsvermutung sowie das Recht [...] auf informationelle Selbstbestimmung" hätten geboten, keine Namen zu nennen. Indes bestätigte die Sprecherin, dass Kühme, wie angekündigt, einen Antrag auf Durchführung eines Disziplinarverfahrens gegen sich selbst gestellt habe. Dies ruhe bis zum Abschluss der staatsanwaltschaftlichen Ermittlungen. Zuvor hätte das Ministerium keine „konkreten Anhaltspunkte" gesehen, von Amts wegen ein solches Verfahren gegen Kühme einzuleiten.[22]

Ich maße mir nicht an, die „Dienstwagenaffären" auf der Grundlage von Medienberichten zu bewerten. Es scheint aber „Unschuldsvermutungen der 1. und der 2. Klasse" zu geben. Der Ausgang dieser Verfahren bleibt abzuwarten.

2.4.1 Exkurs „Private Nutzung von Dienstkraftfahrzeugen"

Wenn man Beschäftigten des öffentlichen Dienstes etwas „anhängen" will, dann ist die private Nutzung von Dienstkraftfahrzeugen „ein gefundenes Fressen". Wer hat nicht schon mal ein Dienstkraftfahrzeug – mehr oder weniger – privat genutzt?

Wie ist es eigentlich zu bewerten, wenn Funkstreifenwagen der Polizei vor einer Eisdiele oder vor einem Imbiss stehen und die Besatzungen sich dort mit Eis, Würstchen usw. versorgen? Bei ganz enger Auslegung könnte schon hier eine private Nutzung von Dienstkraftfahrzeugen konstruiert werden. Sicherlich gibt es Auswüchse, die zu ahnden sind, aber man sollte auch nicht überreagieren (also: „Die Kirche im Dorf lassen.").

---

[22] Neue Osnabrücker Zeitung vom 01.08.2014, unter: http://www.noz.de/deutschland-welt/niedersachsen/artikel/495514/innenminist erium-polizeiprasident-kuhme-bleibt-im-amt.

3. Ansehen der Polizei in der Öffentlichkeit

Die Berichterstattung über „Polizeipannen", „Polizeiskandale" oder „Polizeiaffären" schadet dem Ansehen der Polizei in der Öffentlichkeit dennoch nicht in einem besonderen Maße:

3.1 Leserbrief zu der „Polizeipanne" in Köln

Ich möchte an dieser Stelle der Kölner Polizei meinen Respekt und meine Unterstützung entgegenbringen. Mir fällt auf, dass in den Medien mikroskopisch nach möglichem Fehlverhalten gesucht wird. Mir fehlt der Respekt in der Berichterstattung. ... Es sollte vielmehr gewürdigt werden, dass hier von der Polizei (wahrscheinlich nach bestem Wissen und Gewissen) gehandelt worden ist und dass hier Präsenz gezeigt worden ist. Erst dann sollte danach gefragt werden, ob man anders hätte handeln können beziehungsweise was aus dieser Vorgehensweise zu lernen ist und ob es Handlungsalternativen gegeben hätte. Diese massive Vorwurfshaltung durch die Medien führt zu einer Verunsicherung, die Handeln lähmt. Personen, die im sozialen Brennpunkt arbeiten, stehen ständig im Kreuzfeuer der öffentlichen Kritik. Sie brauchen vielmehr unsere Unterstützung, damit sie handlungsfähig bleiben. Ich habe manchmal den Eindruck, dass es in dieser Gesellschaft schlimmer ist, einen Fehler zu machen, als gar nicht zu handeln.[23]

3.2 Positive Berichterstattung über die Polizei in den Medien
(zur Gewaltbereitschaft junger Männer)

Dabei sind es nicht die großspurigen Konzepte, es ist die geduldige Kleinarbeit der Polizei, die oft hilft, die Gewalt in den Griff zu bekommen. Polizisten, die bösen Bullen von gestern, fungieren immer häufiger als Sozialarbeiter, Jugendhelfer und Richter in einer Person. Sie machen mancherorts sogar Hausbesuche bei Eltern und drohen wie

---

[23] Mechthild Freitag, Osnabrück, in: Neue Osnabrücker Zeitung vom 26.11.2007, S. 8 (Leserbriefe).

einst die Dorfpolizisten mit dem Finger. Kaum einer von den wilden Kerlen lacht darüber. Inzwischen hat es sich herumgesprochen: In der Hand der Polizei liegt es oft, ob es gelingt, einen jungen Mann wie Serkan A. durchzubringen, oder ob er aufgegeben wird, zu den verlorenen Kindern gehören, die im Knast landen. Polizisten, nicht nur Lehrer sind es, von deren Engagement es manchmal abhängt, ob an den deutschen Schulen die Gewalt den Unterricht lahmlegt. So war es an einer Realschule in Troisdorf. Türkische und russische Gangs beherrschten den Schulhof. Ständige Schlägereien, Diebstähle und Mobbing prägten das Schulklima. Die Kriminalpolizei empfahl der Schulleitung, die eigenen Schüler anzuzeigen. Nach einem Diebstahl führten die Polizeibeamten einen Schüler demonstrativ aus dem Unterricht ab. Das half.[24]

Überschwängliches Lob für die polizeiliche Arbeit, vielleicht ein bisschen viel der Glorifizierung.

3.3 Kundenbefragung Osnabrück

Die Ergebnisse einer Kundenbefragung, die die Polizeiinspektion Osnabrück-Stadt bereits 2000/2001 durchgeführt hat, sind – auch was das Ansehen der Polizei betrifft – sehr zufriedenstellend. Dies ergibt sich auch aus einer Veröffentlichung in „ReformZeit-Extra – 2. Wettbewerb ‚Innovative Behörde' - Sonderausgabe Juni 2002" unter der Überschrift „Polizeiinspektion Osnabrück-Stadt – *Sogar Täter sind zufrieden*".[25]

---

[24] Exempel des Bösen , in: DER SPIEGEL 2/2008, S. 18 ff. (27).

[25] Näheres zur Kundenbefragung: Ernst Hunsicker/Bernd Runde, Pilotprojekt „Kundenorientierung" am Beispiel der Polizei Osnabrück, in: DIE POLIZEI 3/2002, S. 75 ff.

Polizeiinspektion Osnabrück-Stadt

Sogar Täter sind zufrieden

Vom Herbst 2000 bis zum Sommer 2001 erhoben die Polizeiinspektion Osnabrück-Stadt und das Fachgebiet Arbeits- und Organisationspsychologie der Universität Osnabrück die Zufriedenheit der Polizeikunden mit dem Service der Polizei. Bei dieser bundesweit ersten und größten Kundenbefragung wurden insgesamt 5.000 Fragebögen an Menschen verteilt, die in irgendeiner Weise mit der Polizei zu tun hatten – Opfer wie Täter, Bürger, die eine Verwarnung bekommen haben und solche, die einen Informationsstand aufsuchten oder auf der Wache um Rat fragten. Diese umfassende und systematische Ermittlung aller Kundenbedürfnisse war der Jury einen mit 2.500 Euro dotierten Sonderpreis wert.

Aber macht eine Kundenbefragung bei der Polizei überhaupt Sinn? Schließlich kann sich der „Kunde" den „Dienstleister" nicht aussuchen, egal ob er als Zeuge, Geschädigter, Unfallbeteiligter oder gar als Beschuldigter Kontakt mit den Ordnungshütern hat. „Eine solche Befragung ist sinnvoll, weil die Arbeit besser auf die Bedürfnisse und Erwartungen der Bürgerinnen und Bürger eingestellt werden kann", sagt der Projektleiter, Kriminaldirektor Ernst Hunsicker. Sie zeige, wo polizeiliche Serviceleistungen, etwa bei der Verkehrserziehung oder Beratung, verbessert werden können, sie helfe beim Erkennen möglicher Konfliktlagen und könne zur Schaffung einer bürgerfreundlichen Polizei beitragen. „Gerade weil sich Bürgerinnen und Bürger den Ansprechpartner nicht aussuchen können, ist optimaler Service wichtig", betont Hunsicker.

Schlecht stehen die Beamtinnen und Beamten der Polizeiinspektion Osnabrück-Stadt allerdings schon heute nicht da, wie die 900 zurückgekommenen Fragebögen gezeigt haben. Besonders in den Bereichen „Vertrauenswürdigkeit", „Bürgernähe" und „Kompetenz" sind die Ergebnisse sehr gut. Dies sahen selbst die Verdächtigen und Beschuldigten nicht wesentlich anders. Von den Bürgern als Schwachstellen gesehen wurden hingegen die technische Ausstattung und die bürokratische Arbeitsweise. Auf einer Open-Space-Veranstaltung wurden daher drei Handlungsfelder bestimmt: Ausstattung, Effizienz der Arbeitsabläufe sowie Kontaktaufnahme. ■ HL

▶ INFORMATIONEN ÜBER
ERNST HUNSICKER, TEL. 0541/327-3001

2. Wettbewerb „Innovative Behörde"

3.4 Kriminologische Regionalanalysen in der Stadt Osnabrück

In den Jahren 1996/97, 2002/2003 und 2007/2008 wurden in der Stadt Osnabrück Kriminologische Regionalanalysen durchgeführt. Aus „Abb. 20: Einschätzung der Polizeiarbeit in Osnabrück 1997 und 2007"[26] ergibt sich eine nicht unerhebliche Verbesserung für das Jahr 2007 im Vergleich zum Jahr 1997.

---

[26] Ernst Hunsicker, Kriminologische Regionalanalysen in der Stadt Osnabrück für die Jahre 1996/97, 2002/2003 und 2007/2008 – Problemkreise, Lösungsansätze, Umsetzungen und Wirkungen als Grundlagen für den Förderpreis der „Stiftung Kriminalprävention" (Städtepreis 2009), GRIN Verlag, 1. Auflage 2010, 129 Seiten, S. 42.

25

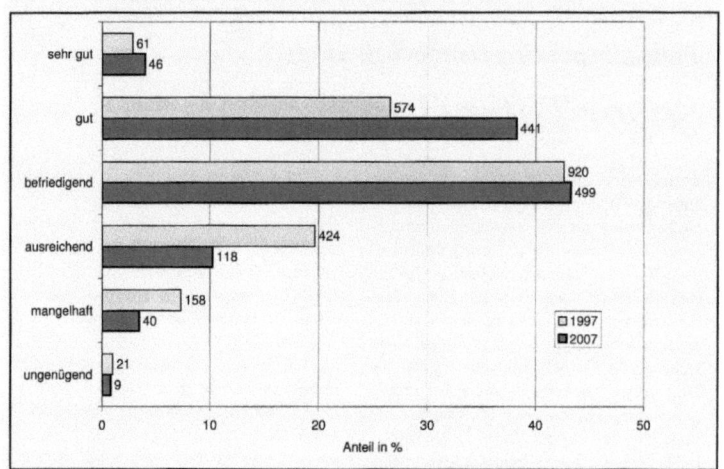

Abb. 20: Einschätzung der Polizeiarbeit in Osnabrück 1997 und 2007

1997 - Frage 33: Wenn Sie die derzeitige Arbeit der Polizei in Osnabrück einschätzen müssten, welche Note von 1 (sehr gut) bis 6 (ungenügend) würden Sie geben?
2007 - Frage 3.3: Wenn Sie die derzeitige Arbeit der Polizei in Osnabrück einschätzen müssten, welche Note von 1 (sehr gut) bis 6 (ungenügend) würden Sie geben?

Diese vorstehend angeführten – positiven – Entwicklungen dürften auch auf die Kundenbefragung zur Polizeiarbeit (2000/2001, vgl. Ziff. 3.3) in der Stadt Osnabrück zurückzuführen sein: Fast alle Polizeibeschäftigten mit externen Kundenkontakten waren an diesem Projekt aktiv beteiligt (insbesondere durch die Aushändigung von Fragebogen und der damit verbundenen Kundenansprache, Teilnahme an der Open Space-Konferenz, Mitarbeit in den Folge-Arbeitsgruppen). Diese unmittelbare Einbindung hat in einem besonderen Maße zur Sensibilisierung und damit auch zur Optimierung beigetragen.[27]

---

[27] Ernst Hunsicker, Kriminologische Regionalanalysen in der Stadt Osnabrück ..., a.a.O., S. 46.

3.5 Vertrauensumfrage

Deutsche Institutionen – Großes Vertrauen in Karlsruhe, wenig in die Regierung

Das Bundesverfassungsgericht genießt laut einer ZEIT-ONLINE-Umfrage das Vertrauen der Bevölkerung. Anders sieht es mit Regierung, Bundestag und Verfassungsschutz aus.

Das Bundesverfassungsgericht genießt in Deutschland relativ großes Vertrauen. Das ist das Ergebnis einer aktuellen Umfrage von ZEIT ONLINE, in der nach dem Vertrauen der Bürger zu mehreren Institutionen gefragt wurde. Am schlechtesten schnitten Bundestag, Bundesregierung und Verfassungsschutz ab. ...

Auch die Polizei erhält positive Werte. Insgesamt 39 Prozent der Befragten haben „sehr" oder „eher großes" Vertrauen zu ihr. ...[28]

Wem die Deutschen vertrauen

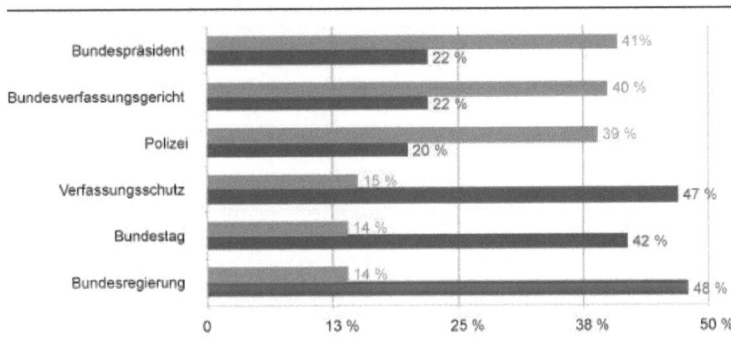

Quelle: YouGov   © ZEIT ONLINE

---

[28] http://www.zeit.de/politik/deutschland/2012-07/umfrage-institutionen-karlsruhe
(9. Juli 2012, von Michael Schlieben).

4. Ergebnis

Wo Menschen arbeiten, kommt es zu Fehleinschätzungen und Fehlern. Das gilt auch intern und extern für die Polizei. Sobald aber ein Fehlverhalten der Polizei (Personen, Institutionen) auch nur ruchbar wird, sind die Medien schnell zu Stelle, um über eine „Polizeipanne", einen „Polizeiskandal" oder eine „Polizeiaffäre" zu berichten. Bei – auch prominenten – Personen außerhalb der Polizei wird in der Berichterstattung auf die Unschuldsvermutung hingewiesen. Die scheint für die Polizeibeschäftigten nicht zu gelten – zumindest entsteht nicht selten dieser Eindruck.

Fehlverhalten durch die Polizei ist unter Berücksichtigung des enormen Einsatzgeschehens die Ausnahme. Diese Einschätzung spiegelt sich auch in Umfragen wider: Ansehen und Vertrauen in die Polizei haben einen hohen Stellenwert. Deshalb sind die (politisch) Verantwortlichen in der Pflicht, Fehlverhalten von Polizeibeschäftigten lückenlos aufzuklären, aber genauso in der Pflicht, auf die Unschuldsvermutung[29] hinzuweisen. Daran sollte sich auch der Journalismus[30] halten und nicht voreilig über polizeibezogene „Pannen", „Skandale" und „Affären" berichten.

---

[29] **Unschuldsvermutung: Rechtsgrundsatz mit Abnutzungserscheinungen** – Die Unschuldsvermutung ist im Rechtsstaat ein wichtiger strafrechtlicher Grundsatz: Der Beschuldigte eines Strafverfahrens muss bis zum Beweis des Gegenteils als unschuldig gelten - und auch so behandelt werden. Doch immer deutlicher wird, dass die Unschuldsvermutung es im Medien- und Internet-Zeitalter und angesichts neuer wissenschaftlicher und technischer Möglichkeiten schwer hat. Die ständige Hatz nach der nächsten Online-Schlagzeile lässt der Unschuldsvermutung kaum noch Luft zum Atmen. Auch gibt es von Staat zu Staat, siehe USA, sehr unterschiedliche Vorstellungen über sie – manchmal auch von Staatsanwalt zu Staatsanwalt. ... Haufe Online Redaktion (12.09.2011), unter: http://www.haufe.de/recht/weitere-rechtsgebiete/allg-zivilrecht/unschuldsver mutung-rechtsgrundsatz-mit-abnutzungserscheinungen_208_77194.html.
[30] **Ziffer 13 – Unschuldsvermutung** – Die Berichterstattung über Ermittlungsverfahren, Strafverfahren und sonstige förmliche Verfahren muss frei von Vorurteilen erfolgen. Der Grundsatz der Unschuldsvermutung gilt auch für die Presse. Der Presserat, unter: http://www.presserat.info/inhalt/der-pressekodex/presse kodex/richtlinien-zu-ziffer-13.html.

Anhang

Autobiografien sowie Fach- und Sachbücher

von *Ernst Hunsicker*

Autobiografien

**Highlights: Authentische Polizei- und Kriminalgeschichten –
Von der Polizeischule (1962) bis zur Pensionierung (2004) und die Zeit danach
– 2. Auflage**, GRIN Verlag (2011), 231 Seiten, 24,99 €* (Buch), 14,99 €* (ebook),

**Authentische Polizei- und Kriminalgeschichten –
Stationen und Situationen mit Bildern aus einem langen Berufsleben –
Teil 1 (1962 bis Mai 1988),**
GRIN Verlag (2008), 136 Seiten, 27,99 €* (Buch), 17,99 €* (ebook),

**Authentische Polizei- und Kriminalgeschichten –
Stationen und Situationen mit Bildern aus einem langen Berufsleben –
Teil 2 (Juni 1988 bis 1996),**
GRIN Verlag (2008), 184 Seiten, 27,99*€ (Buch), 17,99 €* (ebook),

**Authentische Polizei- und Kriminalgeschichten –
Stationen und Situationen mit Bildern aus einem langen Berufsleben –
Teil 3 (1997 bis 2004 und die Zeit danach),**
GRIN Verlag (2009), 204 Seiten, 27,99 €* (Buch), 17,99 €* (ebook),

**Authentische Polizei- und Kriminalgeschichten –
Stationen und Situationen mit Bildern aus einem langen Berufsleben –
Teil 4 (Nachträge von 1962 bis 2009),**
GRIN Verlag (2009), 53 Seiten, 9,99 €* (Buch), kostenlos (ebook), 0,99 €*
(Druckversion ebook),

**Kindheits- und Jugenderinnerungen –
Ein Lebensabschnitt im exemplarischen Kontext mit historischen Ereignissen,**
GRIN Verlag (2011), 217 Seiten, 49,99 €* (Buch), 39,99 €* (ebook).

Geowissenschaften/Geographie –
Fremdenverkehrsgeographie (Radfahren)

**Radfahren in der Region Osnabrück – Münster – Bielefeld – Gütersloh –
Illustrierte sowie kommentierte Erlebnisse und Beobachtungen,**
GRIN Verlag (2012), 205 Seiten, 24,99 €* (Buch), 14,99 €* (ebook),

**Radtouren durch das Osnabrücker Land, das Münsterland und Ostwestfalen
– Illustrierte sowie kommentierte Erlebnisse und Beobachtungen unter Einbe-
ziehung von Umweltschutzaspekten,**
Diplomica Verlag (2014), 206 Seiten, 29,99 €*.

Monografien: Präventive Gewinnabschöpfung

Die Präventive Gewinnabschöpfung (PräGe) im Überblick,
GRIN Verlag (2014), 33 Seiten, 9,99 €* (Buch), 6,99 €* (ebook),

**Präventive Gewinnabschöpfung (PräGe) –
Entscheidungssammlung in Volltexten (Sammelband), 2. Auflage,**
GRIN Verlag (2009), 226 Seiten, 24,99 €* (Buch), 14,99 €* (ebook),

**Verfassungsmäßigkeit der Präventiven Gewinnabschöpfung (PräGe) –
Beurteilung der Verfassungsmäßigkeit unter Einbindung der BVerfG-
Entscheidung zum erweiterten Verfall (§ 73d StGB) und der einschlägigen
Rechtsprechung (PräGe),**
GRIN Verlag (2009), 35 Seiten, 9,99 €* (Buch), 0 €* (ebook),

**Ländervergleich: Präventive Gewinnabschöpfung (PräGe) –
Rechtsgrundlagen, Rechtsprechung, Entwicklung und Stand in Deutschland –
Vergleichbare Rechtsgrundlagen in Österreich und in der Schweiz?,**
GRIN Verlag (2009), 97 Seiten, 12,99 €* (Buch), 7,99 €* (ebook),

**Präventive Gewinnabschöpfung (PräGe) in Theorie und Praxis –
Sicherstellung, Verwahrung von Verwertung von Gegenständen und (Bar-
)Geld aus Gründen der Gefahrenabwehr in Kooperation von Polizei, Staats-
anwaltschaft und Kommune (Osnabrücker Modell) – Arbeitshilfe – , 3. Aufla-
ge,**
Verlag für Polizeiwissenschaft (2008), 175 Seiten, 14,90 €*.

Kriminologie, Kriminalistik und Kriminalitätskontrolle

Kriminologische Regionalanalysen in der Stadt Osnabrück für die Jahre 1996/97, 2002/03 und 2007/08 –
Problemkreise, Lösungsansätze, Umsetzungen und Wirkungen als Grundlagen für den Förderpreis der „Stiftung Kriminalprävention" (Städtepreis 2009),
GRIN Verlag (2010), 129 Seiten, 14,99 €* (Buch), 9,99 €* (ebook),

Kriminalitätskontrolle am Beispiel der Stadt Osnabrück –
oder: Ein beruflicher Lebensabschnitt für Prävention und Repression (1988 bis 2004),
GRIN Verlag (2011), 255 Seiten, 29,99 €* (Buch), 19,99 €* (ebook),

Bevölkerungs- und Kriminalitätsentwicklung für die Zeiträume zwischen 1960 und 2060 –
Retrograde Erfassung und Auswertung, Prognosen sowie „statistische Tendenzen" für Deutschland, die Bundesländer Bayern, Brandenburg, Niedersachsen und Sachsen-Anhalt, die Millionenstädte Berlin, Hamburg und Köln,
Wissenschaftliche Studie,
GRIN Verlag (2013), 237 Seiten, 44,99 €* (Buch), 34,99 €* (ebook),

Entwicklung der Bevölkerung und der Kriminalität von 1960 bis 2060 für Deutschland, ausgewählte Bundesländer und Millionenstädte –
Retrograde Erfassung und Auswertung, Prognosen sowie „statistische Tendenzen",
Diplomica Verlag (2014), 232 Seiten, 44,99 €*,

Schengener Abkommen (1985), Schengener Durchführungsübereinkommen (1990) und Schengen-Reform (2013) –
Ausgegrenzt durch Grenzkontrollen?
GRIN Verlag (2013), 27 Seiten, 12,99 €* (Buch), 9,99 €* (ebook).

Wissenschaft / Technik

Kooperation zwischen der MEYER WERFT (Papenburg) und den Betreibern der Magnetschwebebahn Transrapid (Lathen/Dörpen) –
Visionäre Gedankenspiele oder blanke Utopie?,
GRIN Verlag (2012), 71 Seiten, 14,99 €* (Buch), 9,99 €* (ebook).

Politik

Geheim- und Nachrichtendienste aus dem In- und Ausland in der Kritik –
Erhebung, Fakten, Stellungnahmen und Bewertungen,
GRIN Verlag (2014), 87 Seiten, 24,99 €* (Buch), 14,99 €* (ebook).

Fachbücher

mit *Ernst Hunsicker*

**Das ressortübergreifende Präventionsmodell Osnabrück –
Initiativfunktion von Seiten der Polizei** (Seiten 189 ff.),
in: VEREINT GEGEN KRIMINALITÄT – Wege der kommunalen Kriminalprävention in Deutschland, *Edwin Kube/Hans Schneider/Jürgen Stock* (Hrsg.),
Verlag Schmidt-Römhild (1996), 331 Seiten, 10,00 €*,

Führung von V-Personen (Verdeckte Ermittlungsmaßnahmen – VEM 4),
in: KRIMINALISTEN-FACHBUCH (KFB) – Kriminalistische Kompetenz, 16
Seiten, Verlag Schmidt-Römhild, erscheint überarbeitet/aktualisiert als KFB-App
(über BDK Shop für BDK-Mitglieder, App Store Apple, Google Play),

**Kriminologische Regionalanalyse Osnabrück 1996/97 zum Thema
„Mehr Sicherheit für uns in Osnabrück",**
Print & Media Center Wallenhorst, 250 Seiten (ohne Anlagen), zusammen mit
Bernhard Bruns, Martin Oevermann und *Martin Ratermann* (Auflage vergriffen),

**Bürgerbefragungen zur subjektiven Sicherheit in Osnabrück –
oder: Ertrag und Wirkung von (kommunaler) Kriminalprävention** (Seiten 127
ff.), in: Angewandte Kriminologie und Kriminalprävention;
Entwicklungen, Sachstand und Perspektiven,
Festschrift für *Dr. Joachim Jäger* zum 65. Geburtstag,
Schriftenreihe der Polizei-Führungs-Akademie,
Sächsisches Druck- und Verlagshaus AG (2003), 176 Seiten,

Entwicklung der kommunalen Kriminalprävention in Osnabrück seit 1989
(Seiten 945-961), in: Kriminalpolitik und ihre wissenschaftlichen Grundlagen –
Festschrift für *Professor Dr. Hans-Dieter Schwind* zum 70. Geburtstag,
Thomas Feltes, Christian Pfeiffer, Gernot Steinhilper (Hrsg.),
C.F. Müller, Verlagsgruppe Hüthig Jehle Rehm GmbH (2006), 1.204 Seiten,
298,00 €*,

**Kriminologische Regionalanalyse Osnabrück 2007/08 zum Thema „Sicherheit
und soziales Leben in Osnabrück",** 165 Seiten (ohne Anlagen), zusammen mit
Martin Oevermann, Manfred Rolfes, Wolfgang Wellmann, Wolfgang Zimmerer und
Oliver Voges, 15,00 €*.

---

*Die Bücher unterliegen der Preisbindung, sodass Preisänderungen möglich sind.